Schirin Homeier

Sonnige Traurigtage

Ein Kinderfachbuch für Kinder
psychisch kranker Eltern

Mit Vorworten von Fritz Mattejat und
Gabriele Meyer-Enders

Mabuse-Verlag
Frankfurt am Main

Bibliografische Information der Deutschen Nationalbibliothek
Die Deutsche Nationalbibliothek verzeichnet diese Publikation in der Deutschen Nationalbibliografie; detaillierte bibliografische Angaben sind im Internet unter http://dnb.d-nb.de abrufbar.

Informationen zu unserem gesamten Programm, unseren AutorInnen und zum Verlag finden Sie unter: www.mabuse-verlag.de

Wenn Sie unseren Newsletter zu aktuellen Neuerscheinungen und anderen Neuigkeiten abonnieren möchten, schicken Sie einfach eine E-Mail mit dem Vermerk „Newsletter" an: online@mabuse-verlag.de

8. Auflage 2020

Kasseler Straße 1a
60486 Frankfurt am Main
Tel.: 069/707996-13
Fax: 069/704152
verlag@mabuse-verlag.de
www.mabuse-verlag.de
www.facebook.com/mabuseverlag

Druck: Printfinder, Riga
Illustrationen: Schirin Homeier
Gestaltung, Layout und Bildmontagen: Anna Zgraja, INLINE Design – www.inad.se

ISBN: 978-3-86321-534-7
Printed in Latvia

Inhalt

Vorwort zur achten Auflage

„Endlich!" – Das war mein erster Gedanke, als 2006 das Buch „Sonnige Traurigtage" erschien. Wie sehr hatten wir im therapeutischen und pädagogischen Bereich nach Möglichkeiten gesucht, auf kindgerechte Art und Weise – also in einfühlsamer Sprache und verständlichen Bildern – das Thema psychische Erkrankung zu bearbeiten.

Das Kinderbuch als Arbeitsmittel schafft immer wieder einen Raum, in welchem Kind und Erwachsener, ob nun Mutter, Vater, LehrerIn oder TherapeutIn, sich nebeneinander und miteinander einer Geschichte zuwenden können. Nicht als belehrende Erwachsene, sondern als gute BegleiterInnen und LesepartnerInnen bieten sich die VorleserInnen dem Kind an, um das Thema zusammen zu entdecken.

Gemeinsam begegnen wir Mona, die sich mit all ihren Gedanken und Gefühlen zeigt, die durch eine psychische Erkrankung eines Elternteils ausgelöst werden können: Scham und Schuldgefühle, Wut und Unsicherheit, Angst und Traurigkeit, Schweigen und Verstecken. Wir begleiten Mona bei kindlichen Lösungsversuchen wie dem Entwickeln magischer Rituale, Bravsein, Sich-kümmern und auch Opferbringen. Es gibt in dieser Geschichte nichts, was erschreckt. Alle Gedanken und Gefühle sind uns in irgendeiner Form vertraut. Die Verdichtung zeigt, dass nur die Unterstützung und Öffnung Wege aus der Hilflosigkeit sein können. Indem Mona sich ihrer Lehrerin öffnet, wird diese zur Mitwisserin und Helferin.

Im zweiten Teil des Buches lässt Mona uns an den neu gewonnenen Erkenntnissen und ihrem Weg teilhaben. Die wichtigsten Begrifflichkeiten zum Thema psychische Erkrankungen werden in kindgerechter Form aufgezeigt und die LeserInnen haben die Möglichkeit, ein individuelles Arbeitsbuch daraus zu machen. Ein Ratgeber für Eltern und Bezugspersonen schließt daran an.

Das gemeinsame Lesen eröffnet Möglichkeiten zum Austausch und Vergleich mit der eigenen Situation, macht Erlebtes erzählbar und gibt Hilfen an die Hand. In diesem Buch wird die Krankheit Depression aus der Tabuzone geholt und das öffnet einen Weg, die mittlerweile vielfältig vorhandenen Unterstützungsangebote für Kinder und Erwachsene anzunehmen.

In den letzten Jahren hat sich das Angebot an Kinderbüchern zu unterschiedlichen psychologischen Themen vergrößert. Dies zeigt nicht nur den großen inhaltlichen Bedarf, sondern auch die Anerkennung der Bedeutung der Literatur für die Kinder. Die die Entwicklung der Kinder auf vielfältige Weise begleitenden Erwachsenen können heute frühzeitiger eine Überforderung erkennen und helfend unterstützen. Auch ihnen gibt dieses Buch eine Orientierung.

Das Buch „Sonnige Traurigtage" kann Kindern und Jugendlichen mehr denn je dabei helfen, sich besser mit der Erkrankung von Vater oder Mutter auseinanderzusetzen.

Köln im März 2020

Gabriele Meyer-Enders

Kinder- und Jugendlichen-Psychotherapeutin

Vorwort zur ersten Auflage

Was sich überhaupt sagen lässt, lässt sich klar sagen.
Ludwig Wittgenstein

Was bedeutet es für ein Kind, wenn seine Mutter oder sein Vater unter einer psychischen Erkrankung leidet? Die wissenschaftlichen Erkenntnisse zeigen uns, dass Kinder mit psychisch erkrankten Eltern häufig mit besonderen Belastungen und Beeinträchtigungen konfrontiert sind. Als wir vor etwa 25 Jahren in einer Arbeitsgruppe an der Universität Marburg damit begonnen haben, uns mit Kindern psychisch kranker Eltern klinisch und wissenschaftlich zu beschäftigen, gab es dazu nur wenige Studien und keine speziellen Hilfsangebote.

In den letzten Jahren ist die Situation von Kindern mit psychisch kranken Eltern erfreulicherweise zunehmend in das Bewusstsein der Fachöffentlichkeit gerückt und es sind Projekte entstanden, um Familien mit einem psychisch kranken Elternteil zu unterstützen. Dabei gibt es aber noch viele Unsicherheiten: „Wie kann man mit Kindern über psychische Probleme und deren Behandlung sprechen?". Nicht nur Eltern, sondern auch Fachleute sind bei dieser Frage häufig sehr unsicher. Viele Menschen haben dazu nicht den Mut über seelische Krankheiten zu sprechen, weil sie sich schämen oder weil ihnen die richtigen Worte fehlen. Die Unfähigkeit, über psychische Erkrankungen zu sprechen, macht sich im Umgang mit Kindern besonders schmerzhaft bemerkbar und uns wird deutlich, dass wir die Tabuisierung psychischer Erkrankungen noch lange nicht überwunden haben.

„Sonnige Traurigtage" ist nicht nur ein unterhaltsames Kinderbuch mit ansprechenden Illustrationen. Es ist ein konkreter Beitrag zur Überwindung der Tabuisierung psychischer Erkrankungen. Es ist auch ein wissenschaftlich qualifizierter Text, in dem der aktuelle Erkenntnisstand verarbeitet und in vorbildlicher Weise umgesetzt ist. Nicht selten sind wissenschaftliche Arbeiten aus dem Gebieten der Psychiatrie, Psychotherapie und Psychologie kompliziert geschrieben und deshalb schwer verständlich und ermüdend zu lesen. Ganz anders hier: Der Text ist sehr klar, verständlich und anregend zu lesen, die „Botschaft" ist ermutigend, die Lektüre ein echter Gewinn; ein Kinderfachbuch im besten Sinne. Es wird nicht nur für Kinder hilfreich sein, sondern ganz sicher auch für Eltern und für Fachleute – Lehrer, Ärzte, Sozialarbeiter, Psychologen, Berater. „Sonnige Traurigtage" wird uns helfen, ins Gespräch zu kommen. Ich beglückwünsche Frau Homeier zu diesem klugen Buch.

Fritz Mattejat
Der Kinder- und Jugendlichenpsychotherapeut Prof. Dr. Fritz Mattejat ist Psychologe der Klinik für Kinder- und Jugendpsychiatrie und Psychotherapie der Philipps-Universität Marburg und Ausbildungsleiter am Institut für Verhaltenstherapie und Verhaltensmedizin an der Philipps-Universität Marburg. Er hat seit vielen Jahren die Situation von Kindern psychisch kranker Eltern wissenschaftlich untersucht und praktische Hilfsangebote entwickelt.

Teil I

Sonnige Traurigtage

Liebes Leserkind,

ich heiße Schirin Homeier und habe dieses Buch geschrieben. Darin werde ich dir ein Mädchen vorstellen: Es heißt Mona. Mona wird dir viel aus ihrem Leben berichten. Vor allem, wie sie ihre kranke Mama erlebt. Vielleicht kommt dir etwas bekannt vor. Einiges wird bei dir aber auch anders sein. Wenn du das Buch liest, hast du bestimmt viele Fragen. Ich hoffe, dass Mona sie dir beantworten kann. Am besten schnappst du dir einen Erwachsenen, den du gern magst, und liest dieses Buch mit ihm zusammen.

Ich wünsche dir alles Liebe!

Schirin Homeier

Das ist Mona. Sie ist neun Jahre alt und geht in die dritte Klasse. Mona wohnt mit ihrer Mama in einem Häuschen am Stadtrand.

Mona hat einen kleinen Freund. Er heißt Max. Mona und Max sind zusammen, solange sie denken kann.

Es gibt Tage, da freut sich Mona auf Mama. Wenn sie nach der Schule nach Hause kommt, machen die beiden etwas Schönes zusammen.

Mona mag es besonders, wenn Mama ihr im Garten ein Buch vorliest.

„Mama, ich bin so gern bei dir", sagt Mona dann. Dabei hält Mama sie fest im Arm.

Mama gibt ihr einen Kuss auf die Stirn. „Ich habe dich sehr lieb, Mona."

Oder sie machen zusammen einen kleinen Ausflug. Und Max darf immer mit - ist doch klar.

Solche Tage nennt Mona „Sonnigtage".

Aber es gibt auch „Traurigtage“.
An denen ist alles anders.
So ein Tag ist heute.

Mona
und
Mama

Als Mona nach der Schule nach Hause kommt, bleibt die Tür verschlossen. Obwohl Mona ganz lange klingelt, öffnet Mama nicht.

Mona ruft nach Mama, aber sie bekommt keine Antwort. Mona muss lange warten.

Als Mama die Tür öffnet, sieht sie ganz traurig aus.

Sie fühlt sich so schwach, dass sie die Tür erst jetzt öffnen kann. Nun muss sich Mama wieder hinlegen.

Mona weiß, dass Mama jetzt nicht gestört werden darf. Mona muss ganz leise sein.

„Mama, was ist denn los mit dir?", fragt Mona. Doch Mama kann es ihr nicht sagen.

In der Wohnung liegen überall
Sachen herum.

Das Frühstücksgeschirr steht noch
auf dem Tisch, obwohl es draußen
schon wieder dunkel wird.

Mona räumt auf und stellt die
Spülmaschine an.

Wenn alles sauber ist, freut sich
Mama bestimmt wieder.

KEKSE·KEKSE

Monas Magen knurrt. Der Kühlschrank ist leer. Mama konnte wohl nicht einkaufen und kochen.

Morgen muss Mona zum Supermarkt gehen und Nudeln kaufen. Nudeln kochen kann sie gut.

Man muss essen, damit man gesund wird. Das hat Mama früher immer gesagt, wenn Mona krank war.

Wenn Mama morgen Nudeln isst, dann wird alles wieder gut. Schließlich findet Mona noch eine Packung Kekse.

Mama liegt angezogen auf dem Sofa im Wohnzimmer.

Sie schläft. Mona deckt Mama zu, damit sie in der Nacht nicht friert.

Dann geht sie leise in ihr Kinderzimmer. Sie will Mama nicht wecken.

An Traurigtagen wie heute ist
Mona ein bisschen gruselig zu
Mute.

Deshalb baut sie sich eine Höhle.
Darin kann sie sich verstecken.

Mona muss mutig sein.

Mona und Max kuscheln sich eng aneinander. Wenn zwei zusammen sind, ist keiner allein.

„Warum Mama wohl so traurig ist?", fragt sich Mona. „Ich würde so gerne machen, dass sie wieder lacht."

Jetzt merkt Mona, dass auch sie traurig wird. Sie muss weinen. „Hoffentlich geht das Weinen wieder weg!", denkt Mona.

Irgendwann fallen ihr die Augen zu.

Als Mona aufwacht, scheint die Sonne schon ins Zimmer hinein. Schnell rennt Mona zum Fenster. „Hoffentlich hat die Schule nicht schon angefangen“, denkt sie.

Mona nimmt schnell Max auf den Arm und rennt nach unten.

Sie hat keine Zeit mehr sich zu waschen. Mama schläft noch.

Mona lässt Max vor der Haustür sitzen. Er soll aufpassen, damit Mama nicht wieder traurig wird.

Mona kann sich jetzt nicht um Mama kümmern. „Ich verlasse mich auf dich!“, sagt Mona zu Max.

„Ich will, dass heute ein Sonnigtag wird!“

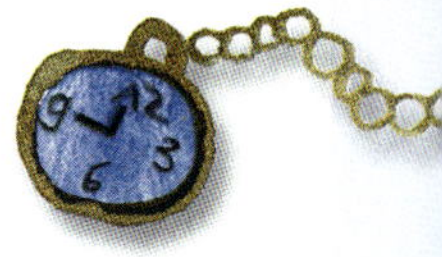

Die Schule hat doch schon angefangen. Mona hat Angst ins Klassenzimmer zu gehen. Vielleicht schimpft die Lehrerin, Frau Ludwig, ja.

Dann ist Mona ganz mutig und drückt die Türklinke herunter.

Alle Kinder sehen sie an. Mona wird ganz rot und ist gar nicht mehr mutig.

Am liebsten möchte sie zurück in ihre Höhle.

„Ich hab verschlafen“, sagt Mona ganz leise und guckt auf ihre Schuhe. Doch Frau Ludwig schimpft gar nicht. Mona setzt sich auf ihren Platz neben Anke.

Die anderen Kinder flüstern, das weiß Mona ganz genau. „Bestimmt reden die jetzt über mich“, denkt sie.

„Warum hast du denn verschlafen?“, fragt Anke. „Hat dich deine Mama nicht geweckt?“

„Doch klar, aber ich hab einfach vergessen aufzustehen“, murmelt Mona. Wie doof, dass Mona Anke anlügen muss, denn eigentlich findet Mona sie ganz nett.

Einmal hat Anke Mona zu sich nach Hause eingeladen. Da haben sie selbst gebackenen Schokoladenkuchen gegessen.

Aber dann wollte Anke auch mal mit zu Mona. Da hat Mona gesagt, das ginge nicht, weil der Nachbarshund jeden Besucher böse anknurre.

Seitdem wurde Mona von Anke nicht mehr eingeladen.

Mona hätte Anke gerne zur Freundin. Aber sie denkt, es geht nicht – wegen Mama.

Es wäre zu blöd, wenn Anke Mona an einem Traurigtag besuchen würde. Dann müssten sie leise sein und ganz bestimmt würde Mama keinen Schokoladenkuchen backen.

Vielleicht würde Anke den anderen Kindern aus der Klasse von Mama erzählen.

„Mama soll sich endlich wieder normal verhalten! Und sie soll sich um mich kümmern!", denkt Mona und stampft mit dem Fuß auf.
Tief in ihr drinnen ist sie nämlich wütend auf Mama und die Traurigtage.

„Darf ich denn auf Mama wütend sein?“, fragt sich Mona.

„Mama geht es doch so schlecht!
- Oh nein, ich glaube ich bin eine böse Tochter.“

In der Pause steht Mona an der Tischtennisplatte und guckt zu.

Obwohl Mona eine gute Tischtennisspielerin ist, darf sie nicht mitspielen. „Weil sie komisch ist, genau wie ihre Mutter! Nachher stecken wir uns noch an!“, haben die großen Jungs gesagt und die Mädchen haben gekichert.

Auch Anke, das hat Mona ganz genau gesehen. Da ist Mona schnell weggegangen.

Damit die anderen Kinder nicht sehen, wie traurig sie ist.

Nach der Pause zeigt Frau Ludwig einen Film über Krankheiten.

„Manche Krankheiten können vererbt werden“, erklärt die Lehrerin. „Wenn die Eltern zum Beispiel schlecht sehen können, kann es sein, dass ihre Kinder auch eine Brille brauchen.“

Mona wird ganz schwindelig. Gerne würde Mona Frau Ludwig fragen, ob sie Mamas Traurigkeit auch bekommen kann. Aber sie hat Angst ausgelacht zu werden.

In Mathe bekommen sie die Schulaufgabe von letzter Woche zurück. Mona hat eine ganz schlechte Note.

Die zeigt sie Mama bestimmt nicht. Sonst wird sie nur wieder traurig.

Denn Mona wünscht sich nichts so sehr, als dass heute ein Sonnigtag wird und Mama ihr wieder ein Buch vorliest.

Supermarkt

Endlich ist die Schule aus und Mona läuft nach Hause. Sie kauft noch Nudeln im Supermarkt. Das sind Zaubernudeln, die gesund machen.

Um ganz sicher zu gehen, dass Mama fröhlich wird, springt Mona immer von einem auf das andere Bein.

„Das hilft bestimmt, das ist ein Trick!", denkt Mona.

Mona
und
Mama

Aber dann ist ihr doch bange, als sie vor der Tür steht. Hoffentlich öffnet Mama und lacht!

Max hat auf Mama aufgepasst, Mona hat Zaubernudeln gekauft, sie war in der Schule brav und sie hat den Hüpftrick gemacht. Nun muss Mamas Traurigkeit doch endlich weg sein!

Dann klingelt sie.
Doch Mama öffnet nicht.

„Wir haben es wieder nicht geschafft!", schreit Mona und wirft Max die Treppe hinunter. Dann setzt sie sich hin und weint.

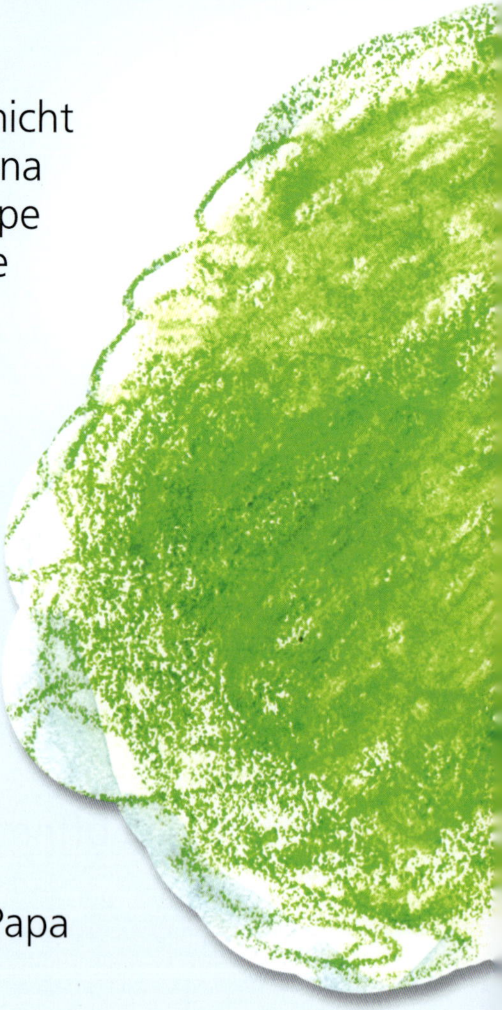

„Ach wäre doch mein Papa da", denkt Mona.

Abends in ihrer Höhle kann Mona lange nicht einschlafen. Sie fürchtet sich vor der Traurigkeit. Auf keinen Fall will sie weinen!

Plötzlich hat Mona eine Idee. Doch dafür muss sie das Liebste hergeben, was sie hat.

Mona ist hellwach. Sie weiß, was sie tun kann, damit es nur noch Sonnigtage gibt.

Es ist ganz dunkel, aber der Mond scheint. Im Schuppen findet sie die alte Schaufel. Die nimmt sie mit in den Garten.

Mona schaufelt ein tiefes Loch. Dann nimmt sie Max und drückt ihn so fest sie kann. „Ich werde dich nie vergessen, Max!“, flüstert Mona. Sie küsst ihn noch ein letztes Mal.

Dann legt sie ihn schnell ins Loch und schüttet Erde darüber.

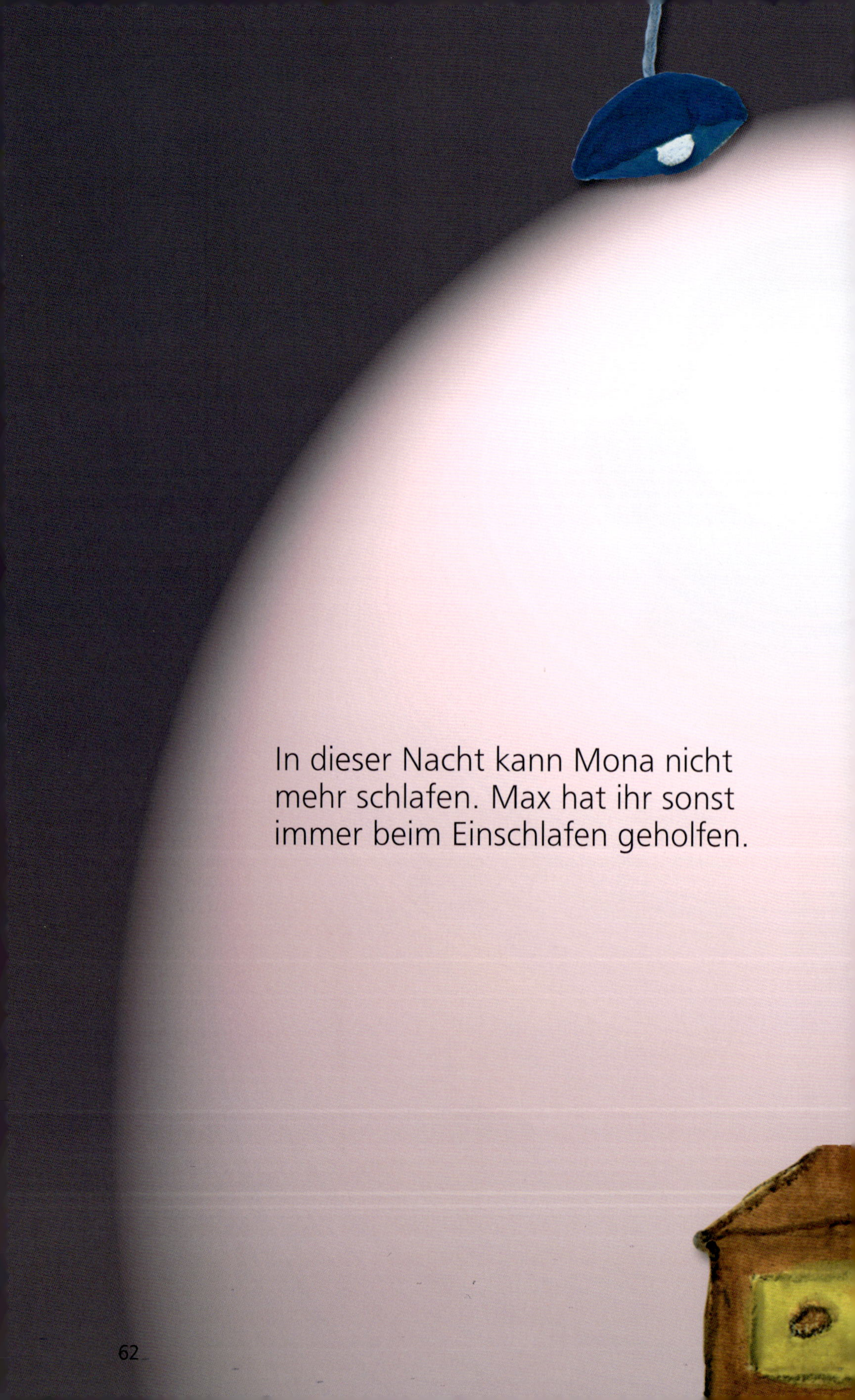

In dieser Nacht kann Mona nicht mehr schlafen. Max hat ihr sonst immer beim Einschlafen geholfen.

In der Schule fällt es Mona ganz schwer aufzupassen. Selbst als die Kinder sich eine Geschichte ausdenken sollen, fällt Mona nichts ein. Obwohl sie so spannende Geschichten schreiben kann und Frau Ludwig sie dafür schon oft vor der Klasse gelobt hat. Mona muss immer an Max denken.

Sie hat ihn hergegeben, damit Mama wieder gesund wird.

Frau Ludwig erzählt den Kindern noch mehr über Krankheiten.

„Jeder von euch hat es schon mal erlebt, dass der Körper krank oder verletzt ist. Denkt zum Beispiel an Husten oder ein gebrochenes Bein.

Es gibt aber auch Krankheiten, die man nicht so leicht sehen kann. Da sind die Menschen an der Psyche krank. Die Ärzte nennen das eine psychische Krankheit.

Manche psychisch kranke Menschen glauben zum Beispiel, dass sie verfolgt werden. Oder ihre Gedanken sind ganz durcheinander.

Es gibt auch Menschen, die immerzu traurig und bedrückt sind."

Als die Stunde vorüber ist,
laufen alle Kinder nach draußen.
Nur Mona bleibt in der Klasse.

Sie nimmt ihren ganzen Mut
zusammen und erzählt Frau
Ludwig von Mama und den
Traurigtagen.

„Es ist gut, dass du mir das
alles berichtest, Mona", sagt
die Lehrerin. „Du kannst nichts
dafür, dass es deiner Mama
schlecht geht.

Mona, du darfst trotzdem
fröhlich sein, wie jedes Kind.
Vielleicht kannst du damit aus
den Traurigtagen manchmal
‚sonnige Traurigtage' machen."

Dann erzählt Mona, dass sie Max vergraben hat, damit Mama wieder lacht.

„Du würdest gerne deiner Mama helfen, damit es ihr wieder besser geht, oder?“, fragt die Lehrerin verständnisvoll.

„Aber das kannst du nicht. Damit es ihr besser gehen kann, braucht sie einen Arzt, wie jeder Kranke.“

„Dann kann ich Max ja wieder ausgraben!“, überlegt Mona. „Ja, lauf nach Hause und rette deinen Max!“, antwortet die Lehrerin.

„Ich werde heute Nachmittag mit dir und deiner Mama reden. Und zusammen überlegen wir, wie es weitergehen kann.“

„Das mache ich!“, ruft Mona und rennt hinaus.

Teil II

Ratgeber für Kinder

Bist du neugierig, wie es weiterging mit mir, Max und Mama? Ich kann dir sagen, seit diesem Schultag habe ich viel erlebt!

Du weißt ja, dass ich meiner Lehrerin, Frau Ludwig, von den Traurigtagen erzählt habe. „Mona, du möchtest am liebsten alles dafür tun, damit es deiner Mama besser geht. Deshalb hast du sogar Max eingegraben“, hat Frau Ludwig gesagt. „Aber als Kind kannst du gar nichts gegen die Traurigtage deiner Mama ausrichten. Deinen Max kannst du also wieder ausbuddeln.“

So habe ich Max aus seinem Erdloch befreit. Dem ging es eigentlich recht gut. Nur ein wenig dreckig war er. Ich hab mich so gefreut ihn wiederzuhaben!

Am Nachmittag ist Frau Ludwig zu uns nach Hause gekommen. Ich war ganz schön aufgeregt. Mama auch, glaube ich. Aber meine Lehrerin ist nett und hat uns geholfen.

Kennst du auch Traurigtage, an denen es Mama oder Papa schlecht geht? Fragst du dich, was eigentlich los ist?

Ich will dir erzählen, was ich darüber erfahren habe.

Zu Hause ist etwas merkwürdig. Sind Mama oder Papa krank?

Schon lange weiß ich, dass bei uns zu Hause etwas komisch ist. Das liegt an Mamas Traurigtagen. Ob Mama krank ist? - Mmh, aber ihr Körper tut ihr gar nicht weh, sagt sie.

Mit **körperlichen Krankheiten** kenne ich mich ein wenig aus. Ich hatte selbst mal Fieber, Bauchweh, Windpocken und so.

Welche körperlichen Krankheiten kennst du?
Schreib doch mal auf:

Frau Ludwig hat mir erklärt, dass es auch **psychische Krankheiten** gibt. Diese Krankheiten verändern die Psyche. Also das Hören, Sehen, Fühlen, Denken, Wollen und die Gefühle der Menschen. Durch die psychischen Krankheiten verhalten sich die Menschen ungewöhnlich. Sie tun Dinge, die sie sonst nicht tun würden.

Ob Mama wirklich krank ist, konnte Frau Ludwig uns aber nicht sagen. Also ist Mama zu einem **Hausarzt** gegangen.

Wer findet heraus, was mit Mama oder Papa los ist?

Der Hausarzt hat Mama untersucht. Anschließend hat er gesagt, dass ein **Facharzt** Mama weiterhelfen kann.

Fachärzte sind Ärzte, die sich ganz besonders gut mit bestimmten Krankheiten auskennen: Wenn einem die Ohren wehtun, hilft der Ohrenarzt. Bei Zahnschmerzen geht man zum Zahnarzt. Psychische Krankheiten behandelt ein **Psychiater**. – Warum Erwachsene sich wohl so schwierige Worte ausdenken?

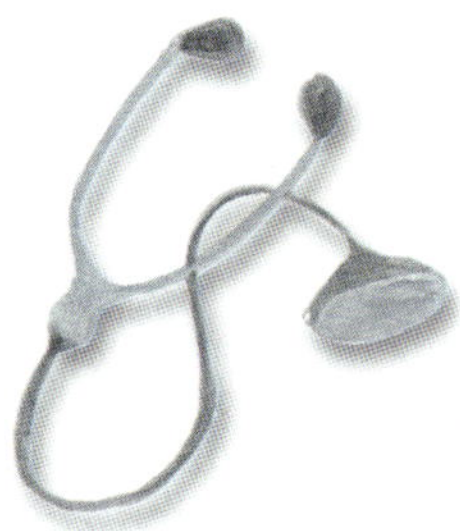

Der Hausarzt hat Mama zu einem Psychiater geschickt. Der heißt Doktor Franze. Er hat herausgefunden, dass Mama eine psychische Krankheit hat. Das ist also der Grund für die Traurigtage. Jetzt wissen wir, was los ist!

Einmal bin ich mit zu Doktor Franze gegangen. Den finde ich eigentlich ganz nett.
Da, ich zeig dir ein Foto von ihm:

Ich konnte Doktor Franze all das fragen, was ich schon lange wissen wollte. Und er hat mir geantwortet.

Welche psychischen Krankheiten gibt es?

Doktor Franze hat erklärt, dass es verschiedene psychische Krankheiten gibt: Depression, Manie, manische Depression, Schizophrenie, Angststörung, Borderline-Persönlichkeitsstörung, ...

- So viele schwierige Namen. Da raucht mir ja der Kopf! Aber wie verhalten sich Menschen mit einer psychischen Erkrankung?

Doktor Franze hat das so beschrieben:

Manche Menschen sind für lange Zeit ganz bedrückt oder traurig, ohne dass sie einen Grund dafür sagen können. Sie haben für die Zukunft und alles um sich herum keine Hoffnung. Außerdem können sie sich selbst nicht leiden. Manche fühlen sich so kraftlos, dass sie viel liegen müssen und kaum die tägliche Arbeit schaffen.

Bei anderen Menschen ist es eher andersherum: Sie sind tagelang ganz aufgedreht und schlafen kaum noch. Sie können mit ihrem ständigen Übermut den anderen auf die Nerven gehen.

Wieder andere Menschen kommen durcheinander, weil sie zum Beispiel Stimmen hören, die sonst aber niemand hört. Oder Dinge sehen, die gar nicht da sind. Manche fürchten auch, dass andere Leute ihre Gedanken lesen könnten.
Sie können schlecht auseinander halten, was in ihrem Kopf stattfindet und was in Wirklichkeit passiert. Es ist fast so, als würden sie in einer anderen Welt leben.

Ich finde das alles ganz schön merkwürdig und auch ein wenig unheimlich. Geht es dir auch so?

Hast du so etwas Ähnliches schon einmal bei deinem Papa oder deiner Mama beobachtet? Schreib doch mal auf:

Wer kann Mama oder Papa helfen?

Ich wollte Mama helfen gesund zu werden. Deshalb habe ich oft ganz allein den Haushalt gemacht und wollte immerzu brav sein.

Doktor Franze hat dazu gesagt: „Über deine Hilfe hat sich Mama bestimmt gefreut. Aber ihre psychische Krankheit geht dadurch nicht weg. Dagegen können Kinder überhaupt nichts ausrichten. Das können nur Mama und Papa selbst. Dazu brauchen sie die Unterstützung von Fachleuten."

Und dann hat er mir einige Helfer aufgezählt:

→ der Arzt, die Ärztin

Wenn Mama oder Papa psychisch krank sind, können sie zum **Hausarzt** oder zum **Psychiater** gehen.

Der gibt dann Tipps, was zu tun ist. Außerdem kann er Medikamente gegen psychische Krankheiten verschreiben.

→ der Psychotherapeut, die Psychotherapeutin

Außer Medikamenten kann auch eine **Psychotherapie** gut sein. Regelmäßig reden Mama oder Papa mit einem Psychotherapeuten und üben, wieder besser zurechtzukommen. Das ist wie Krankengymnastik für die Psyche.

→ Fachleute eines Sozialpsychiatrischen Dienstes oder einer Familienberatungsstelle

In einem **Sozialpsychiatrischen Dienst** kümmern sich die Fachleute um psychisch kranke Menschen. In einer **Familienberatungsstelle** bekommen Eltern und Kinder Hilfe, wenn es zu Hause irgendwelche Probleme gibt.

Was ist eine Psychiatrie?

Eines Tages reichte die Hilfe von Doktor Franze Mama aber nicht mehr aus. Mama war ganz besonders bedrückt. Das lag an ihrer psychischen Krankheit.

Ich hatte sogar Angst um sie und habe mich ganz hilflos gefühlt.

Doktor Franze hat erklärt, dass Mama noch mehr Hilfe braucht. Deshalb ist Mama für einige Zeit in die **Psychiatrie** gegangen. Man kann dazu auch psychiatrische Klinik sagen.

Während Mama in der Psychiatrie war, habe ich bei meiner Freundin Anke gewohnt. Sie und ihre Eltern wissen jetzt Bescheid und helfen uns.

Vielleicht hätte ich Anke schon früher von den Traurigtagen erzählen sollen. Ausreden erfinden ist auf Dauer nämlich sehr anstrengend.

Als es Mama wieder etwas besser ging, haben wir miteinander telefoniert. Außerdem habe ich ihr einen Brief geschrieben.

Trotzdem habe ich sie vermisst.

Doktor Franze hat gesagt: „Mona, deine Mama hat dich lieb und will dir eine gute Mutter sein. Aber manchmal klappt das nicht wegen der psychischen Erkrankung."

So eine gemeine Krankheit, dachte ich bloß!

In der Psychiatrie hat Mama sich erholt. Anschließend konnte sie sich auch wieder besser um mich kümmern.

Manche Erwachsene und Kinder, die keine Ahnung haben, geben der Psychiatrie gemeine Namen. Wie zum Beispiel: „Irrenhaus", „Beklopptenanstalt" oder „Klapse".

Ich aber weiß, was eine Psychiatrie in Wirklichkeit ist: ein Krankenhaus für Menschen, die eine psychische Krankheit haben. Dort haben sie viel Zeit und Ruhe. Sie finden Schutz und bekommen oft neue Medikamente. Außerdem können sie viel mit den Fachleuten reden. Dadurch kommen sie zu neuen Kräften.

Wer kann mir helfen?

Doktor Franze hat Mama geraten, gemeinsam mit mir zu einer Familienberatungsstelle zu gehen.

Dort treffen wir uns jetzt regelmäßig mit einer Fachfrau. Die heißt Frau Siegler. Mit der besprechen wir ganz viel. Wie es mir und Mama so geht, zum Beispiel.

Ein paar Mal war ich auch schon alleine bei Frau Siegler. Wir haben zusammen gespielt und sie hat auf alle meine Fragen geantwortet. Alles, was ich ihr erzähle, behält sie für sich, hat Frau Siegler gesagt.

Letzte Woche habe ich zusammen mit Frau Siegler und einem Jungen gespielt. Der heißt Alexander. Er hat mir erzählt, dass sein Vater eine psychische Krankheit hat.

Mit Alexander kann ich toll reden. Weil der auch Traurigtage kennt.

Mit wem kann ich reden?

Lange habe ich niemandem von den Traurigtagen erzählt. Denn niemand soll schlecht über Mama denken. Außerdem hab ich mich geschämt.

Ach, am liebsten hätte ich mit meinem Papa geredet. Aber meine Eltern haben sich getrennt. Ich weiß gar nicht, wo mein Vater lebt.

Lebst du mit deinem Papa und deiner Mama zusammen?

Alexander fand es sehr mutig von mir, meiner Lehrerin von den Traurigtagen zu erzählen. Aber er hat gesagt: „Meiner Lehrerin würde ich ganz bestimmt nicht von Papas Krankheit erzählen. Die Lehrerin mag ich nämlich nicht. Aber vielleicht rede ich mal mit Manuels Mutter. Manuel ist ein Freund von mir."

Da hat Frau Siegler erklärt: „Auch viele Erwachsene wissen wenig über psychische Krankheiten. Manchen machen diese Erkrankungen auch Angst. Deshalb meinen viele Erwachsene, dass man mit Kindern nicht darüber reden sollte."

„Haben die eine Ahnung!", habe ich darauf geantwortet. „Mir hätte mal eher jemand erklären sollen, was mit Mama los ist. Dann hätte ich mir auch weniger Sorgen gemacht."

Mit wem würdest du denn gerne reden?
– Vielleicht mit Oma, Opa, dem Nachbarn, dem Vater deines Freundes, deinem Lehrer, deiner Schwester, deinem Bruder,...

Schreib doch mal auf:

Was tun, wenn ich niemanden zum Reden habe?

Von Frau Siegler habe ich ein paar Telefonnummern bekommen. Die soll ich dir geben. Für den Fall, dass du niemanden kennst, mit dem du reden könntest. Oder falls dir niemand zuhört.

Es gibt nämlich Organisationen, bei denen du auch als Kind anrufen kannst.

Du musst dabei nicht einmal deinen Namen nennen, wenn du nicht willst.

Wenn mal bei einer Nummer besetzt ist, gib nicht auf! Das ist mir auch schon mal passiert. Wähl einfach eine andere Nummer oder versuch es später noch einmal.

Von Montag bis Samstag zwischen 14.00 Uhr und 20.00 Uhr kannst du kostenlos vom Festnetz oder Handy beim **Kinder- und Jugendtelefon – die Nummer gegen Kummer –** anrufen. Die Telefonnummer lautet: **116111**

Tag und Nacht kannst du kostenlos vom Festnetz oder auch vom Handy die **Telefonseelsorge** unter diesen drei Telefonnummern erreichen: **0800/1110111** oder **0800/1110222** oder **116123**

Den **Kindernotdienst** kannst du zu jeder Zeit unter der Nummer **030/610061** anrufen (es fallen normale Telefongebühren an).

In jeder Stadt gibt es **Familienberatungsstellen**. Sie heißen oft: „Beratungsstellen für Erziehungs-, Ehe- und Lebensfragen“. Die Telefonnummern und Adressen findest du im Telefonbuch unter „Beratung“.

Du kannst dich auch an den **Deutschen Kinderschutzbund** wenden. Die Telefonnummer und Adresse findest du im Telefonbuch deiner Stadt unter „Deutscher Kinderschutzbund“.

Wenn du in großer Not bist, kannst du auch beim **Allgemeinen Sozialdienst**, also dem Jugendamt deiner Stadt, anrufen. Da arbeiten auch Fachleute wie Frau Siegler. Die Nummer findest du im Telefonbuch unter „Stadt“.

Wenn du dich mit dem Internet auskennst, kannst du unter den folgenden Adressen weitere Informationen finden:

www.berliner-notdienst-kinderschutz.de
Hier kannst du beraten werden und auch schnell Schutz bekommen, egal ob du in Deutschland oder in einem anderen Land wohnst.

Unter **www.kinderschutz-zentren.org** findest du Adressen von Kinderschutzzentren in Deutschland. Vielleicht gibt es ein Kinderschutzzentrum in deiner Nähe? Dort kannst du Unterstützung bekommen.

Wenn du in der Schweiz wohnst, kannst du dich an folgende Organisationen wenden:

SOS-Adressen für die Schweiz

Die **Telefonhilfe für Kinder und Jugendliche** erreichst du täglich, rund um die Uhr und kostenlos unter der **Telefonnummer 147**. Im Internet kannst du unter **www.147.ch** weitere Informationen bekommen.

Bei der Organisation **„Die dargebotene Hand"** kannst du unter der **Telefonnummer 143** an jedem Tag zu jeder Uhrzeit anrufen. Pro Anruf kostet dies 20 Rappen (Festnetz) und je nach Anbieter 20 bis 70 Rappen (Handy), bzw. 70 Rappen (aus öffentlichen Telefonzellen). Unter **www.143.ch** findest du eine Internetberatung.

Unter **www.tschau.ch** beantwortet dir das **Tschau-Team** deine E-Mail innerhalb von drei Arbeitstagen.

Wenn du in Österreich wohnst, helfen dir folgende Adressen weiter:

SOS - Adressen für Österreich

Du kannst bei **„Rat auf Draht"** unter der **Telefonnummer 147** jederzeit kostenlos anrufen. Schau doch mal im Internet vorbei: **www.rataufdraht.at**

Die **Telefonseelsorge** erreichst du unter der **Telefonnummer 142** täglich und rund um die Uhr kostenlos aus dem Festnetz und vom Handy aus. Unter **www.telefonseelsorge.at** findest du eine Online-Beratung. Spätestens nach zwei Tagen bekommst du eine Antwort auf deine E-Mail.

Im Internetportal **www.kidscat.ch** können sich Kinder und Jugendliche kostenlos austauschen.

Bin ich schuld an Mamas oder Papas psychischer Krankheit?

Vorgestern war ich ganz mutig. Ich habe Frau Siegler gefragt, ob ich etwas falsch gemacht habe und Mama deshalb psychisch krank ist.

Da hat Frau Siegler erklärt: „Niemand – also auch nicht du, Mona – ist schuld an der psychischen Krankheit deiner Mama.

Jedes Kind bringt mal eine schlechte Note heim, ist frech, macht den Fußboden dreckig oder lässt etwas runterfallen. Das findet deine Mama zwar nicht gut, aber ihre Krankheit macht das nicht schlimmer."

Frau Siegler hat gesagt, dass dies nicht nur für mich, sondern für alle Kinder gilt, deren Mama oder Papa eine psychische Krankheit haben. Also auch für dich.

Darf ich auf Mama, Papa oder die psychische Krankheit wütend sein?

Einmal habe ich zu Frau Siegler gesagt: „Oft bin ich wütend auf Mama und ihre psychische Krankheit.

Aber ich schäme mich auch für meine Wut. Weil Mama doch auch nichts für die Krankheit kann. Bin ich eine böse Tochter?"

Kennst du das auch?

Frau Siegler hat geantwortet, dass es in Ordnung ist, wenn wir Kinder auf Mama, Papa oder die Krankheit sauer sind. Deshalb sind wir keine bösen Kinder. Außerdem ist das mit der psychischen Krankheit nicht so einfach. Da ist es doch klar, dass wir mal wütend werden.

Kann ich die psychische Krankheit auch bekommen?

Einmal war ich ganz besonders traurig. Ob ich jetzt auch eine psychische Krankheit habe? Oh, was für ein Schreck!

Aber Frau Siegler hat mich beruhigt. Sie hat gesagt, dass psychische Krankheiten nicht ansteckend sind und auch nicht einfach so vererbt werden.

Wenn ich schlapp oder traurig bin, so sieht das vielleicht ähnlich aus wie bei Mamas Krankheit: Ich muss mich hinlegen und manchmal sogar weinen.

Aber ich bin einfach nur schlapp oder traurig, wie jeder es einmal ist. Das geht wieder weg.

Frau Siegler hat noch gesagt: „Ihr Kinder, deren Mama oder Papa eine psychische Krankheit hat, müsst oft sehr viel leisten. Weil Mama oder Papa sich weniger um euch kümmern können. Das ist sehr anstrengend für euch."

Puh, das stimmt!

Außerdem hat Frau Siegler erklärt, dass Kinder, deren Mama oder Papa psychisch krank sind, manchmal etwas dünnhäutiger sind.

– Na klar, nicht alle Menschen sind gleich, denke ich mir: Es gibt ja auch Menschen, die können stundenlang in der Sonne liegen. Andere aber kriegen schon nach kurzer Zeit einen Sonnenbrand. Die müssen dafür etwas tun, damit ihre Haut gesund bleibt. Indem sie sich zum Beispiel mit Sonnenmilch eincremen und in den Schatten legen.

Frau Siegler hat gesagt: „Ihr Kinder könnt etwas dafür tun, damit es euch gut geht: indem ihr spielt, mit Freunden und Freundinnen etwas unternehmt, Spaß habt und euch um die Schule kümmert."

Da habe ich gefragt: „Dürfen Kinder denn fröhlich sein, wenn es Mama oder Papa schlecht geht?"

„Ja! Jedes Kind darf etwas Schönes erleben und fröhlich sein! - Egal ob Mama oder Papa krank sind oder nicht. Ihr braucht also kein schlechtes Gewissen zu haben." Das hat Frau Siegler geantwortet.

Wozu hast du denn Lust?

Schreib doch mal auf, was du gerne morgen Schönes tun möchtest.

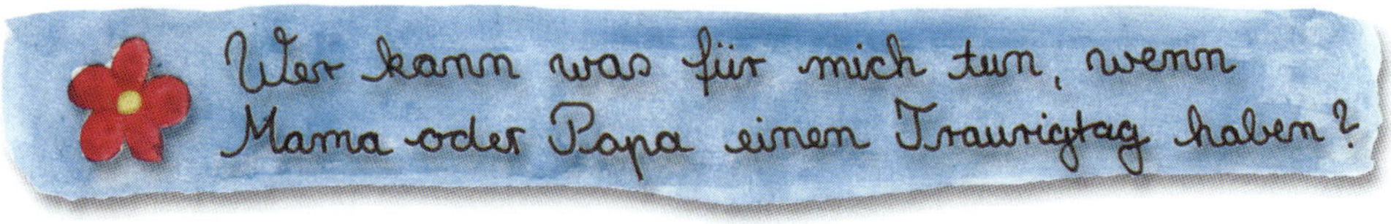

An einem Sonnigtag haben Mama, unsere Nachbarin Frau Brüssel und ich einen **Notfallplan** geschrieben. Auf dem steht, dass ich zu Frau Brüssel gehen kann, wenn Mama einen Traurigtag hat. Die Nachbarin kümmert sich dann um mich. Außerdem hat sie einen Schlüssel für unser Haus und kann nach Mama schauen.

Oft genügt, dass ich bei unserer Nachbarin esse und die Hausaufgaben mache. Ich kann bei ihr aber auch übernachten. Mama ist damit einverstanden. Sie möchte, dass es mir gut geht.

Seitdem ich jetzt zu Frau Brüssel gehen kann, musste ich kein einziges Mal mehr auf der Treppe warten!

Ich habe Frau Brüssel gestern fotografiert. Siehst du:

Hat schon ein Erwachsener mit dir einen Notfallplan besprochen? Bei uns hängt dieser Plan über dem Telefon, einen habe ich immer in meiner Schultasche und einen hat Frau Brüssel.

Frau Siegler hat mir einen Notfallplan für dich mitgegeben:

Wenn es Mama oder Papa ganz besonders schlecht geht, rufe ich hier an:

Oder ich gehe zu:

Was sonst noch wichtig ist:

Frau Brüssel hat noch einen **ausführlichen Notfallplan** bekommen. Auf dem steht, was sie alles wissen muss, damit sie sich gut um mich kümmern kann: Wann ich ins Bett gehe, dass ich gegen Nüsse allergisch bin, wen sie noch benachrichtigen soll (Ankes Eltern zum Beispiel), und, und, und …

Manchmal weiß ich alleine nämlich wirklich nicht mehr weiter. Dann hilft es mir, wenn die Erwachsenen alles untereinander regeln und ich spielen gehen kann.

Was tun, wenn andere Kinder blödes Zeug über mich reden?

Du weißt, dass ich oft ganz allein in den Pausen war. Die anderen Kinder haben mich nicht mitspielen lassen. Ich glaube, weil ein paar von ihnen von den Traurigtagen wussten.

Einmal haben Kinder aus meiner Klasse gesagt, dass ich genauso komisch sei wie Mama. Das war so gemein! Echt, da musst' ich weinen. Da haben die anderen Kinder noch mehr über mich gelacht.

Frau Siegler hat erklärt: „Die meisten Kinder wissen nicht, was eine psychische Krankheit ist. Deshalb sagen sie oft Sachen, die nicht stimmen. Eine psychische Krankheit ist nichts zum Auslachen. Die anderen Kinder können froh sein, wenn ihre Eltern gesund sind."

Haben andere zu dir auch schon einmal etwas Schlimmes gesagt?

Ich habe einmal all die bösen Wörter aufgeschrieben, das tat mir gut. Wenn du magst, kannst du das auch machen:

Ich stelle mir vor, ich bin ein Ritter. Wenn andere Kinder etwas Gemeines zu mir sagen, lasse ich das einfach an meinem starken Schutzschild abprallen.

Gibt es noch mehr Kinder, deren Mama oder Papa eine psychische Krankheit haben?

Einmal habe ich Frau Siegler gefragt, ob es außer Alexander, dir und mir noch mehr Kinder gibt, deren Mama oder Papa psychisch krank sind.

Da hat Frau Siegler geantwortet, dass es sogar mehrere Hunderttausend in Deutschland gibt.

Es tröstet mich, dass wir drei also nicht die einzigen Kinder sind. Geht es dir auch so?

Manchmal haben wir Fragen, machen uns Sorgen, haben Angst oder sind wütend. Dann ist es wichtig, dass wir jemanden zum Reden haben: Mama, Papa, Oma, Opa oder sonst jemanden, dem wir vertrauen.

Mit denen kannst du ja auch dieses Bilderbuch noch einmal anschauen ...

Alles Liebe,
deine Mona

Teil III

Ratgeber für Eltern und andere Bezugspersonen

Ratgeberteil für Eltern und andere Bezugspersonen

Wenn ein Familienmitglied psychisch erkrankt, verändert sich vieles im Leben des Betroffenen und seiner Angehörigen: Der gewohnte Lebensrhythmus wird unterbrochen; das Miteinander wird anders; der Alltag ist vermehrt durch Ängste, Unsicherheiten und Sorgen geprägt; die sozialen Beziehungen und die berufliche Leistungsfähigkeit schränken sich ein; die Suche nach einer geeigneten Behandlung der Erkrankung sowie die Therapie selbst kosten Kraft. So bringt eine psychische Erkrankung die gesamte Familie aus dem Gleichgewicht.

Wenn der Betroffene zugleich Vater oder Mutter ist, bedeutet die psychische Erkrankung somit auch für die Kinder eine große Belastung und Verunsicherung. Die Eltern, aber auch andere Bezugspersonen wie Großeltern, andere Verwandte, Freunde der Familie, LehrerInnen und ErzieherInnen wissen oft nicht, wie sie den Kindern begegnen sollen: Ist es überhaupt gut, mit einem Kind über die elterliche Erkrankung zu sprechen? Wie kann es altersgemäß über psychische Krankheiten und die damit einhergehenden Veränderungen aufgeklärt werden? Wie kann ihm das vermittelt werden, wofür selbst Erwachsene nur schwer Worte finden?

Das Kinderfachbuch „Sonnige Traurigtage" unterstützt Bezugspersonen von Kindern mit einem psychisch erkrankten Elternteil darin, mit dem betroffenen Kind ins Gespräch zu kommen und dessen Fragen zu beantworten. Im ersten Teil des Buches lernt das Leserkind die neunjährige Mona kennen, die mit ihrer psychisch kranken Mutter zusammenlebt. Durch die Schilderung von Monas Alltag und die Kontaktaufnahme des Mädchens zum Leserkind im zweiten Teil des Buches macht das Kind die zentrale Erfahrung, dass es mit seiner Situation nicht allein ist.

Zahlen unterstreichen dies: Prof. Fritz Mattejat, Psychologe der Klinik für Kinder- und Jugendpsychiatrie und Psychotherapie der Philipps-Universität Marburg und Prof. Helmut Remschmidt, Facharzt für Kinder- und Jugendpsychiatrie/Psychotherapie sowie Fachpsychologe für klinische Psychologie schätzen, dass etwa 500.000 Kinder in Deutschland leben, bei denen ein Elternteil an einer Schizophrenie oder Depression erkrankt ist. Bei 2,65 Millionen Kindern in Deutschland weist ein Elternteil eine alkoholbezogene Störung auf (Missbrauch oder Abhängigkeit). Etwa 40.000 Kinder haben einen drogenabhängigen Elternteil (Prof. Michael Klein, Professor für Klinische und Sozialpsychologie an der Katholischen Fachhochschule Nordrhein-Westfalen).

Monas persönliche Lebensgeschichte ist ausgedacht und dennoch nicht frei erfunden. Sie steht für die Erfahrungen vieler Kinder psychisch kranker Eltern. Da jedes Kind eine eigene Persönlichkeit und jeder Elternteil einzigartig ist, außerdem keine psychische Störung der anderen gleicht, ergeben sich natürlich individuelle Unterschiede für die Situation der betroffenen Kinder. Wie belastend sich die elterliche psychische Erkrankung auf ein Kind auswirkt, ist von verschiedenen Faktoren abhängig, wie den individuellen Krankheitssymptomen des Elternteils, inwieweit der Erkrankte dem Kind noch als zuverlässige Bezugsperson zur Verfügung stehen kann, wie lange das Kind den Belastungen ausgesetzt ist, dem Alter des Kindes sowie dem Helfersystem, welches die Familie unterstützt. Einige Kinder werden folglich Monas Geschichte im Vergleich zu ihrem eigenen Kontext als sehr schlimm erleben, andere Kinder haben dagegen sogar noch belastendere Erfahrungen machen müssen.

Aufgrund dieser Spannbreite werden traumatische Erlebnisse wie Gewalterfahrungen oder Zwangseinweisungen des erkrankten Elternteils im Buch außen vor gelassen, um weniger belastete Kinder davor zu schützen zusätzliche Ängste oder Sorgen aufzubauen. Somit werden auch Suizidgedanken des erkrankten Elternteils im zweiten Teil durch die Sorgen Monas um ihre Mutter nur angedeutet: „Mama ging es immer schlechter. Sie war ganz besonders bedrückt. Das lag an ihrer psychischen Krankheit. Ich hatte sogar Angst um sie und habe mich ganz hilflos gefühlt."

Der Bilderbuchteil ist so konzipiert, dass viel Raum für Interpretationen bleibt, wodurch das einzelne Leserkind die Möglichkeit hat, Vergleiche und Rückschlüsse auf sein eigenes Leben zu ziehen. Monas Geschichte ist ein Beispiel dafür, wie Kinder die elterliche Erkrankung erleben, welche Folgen sich für ihr persönliches Leben ergeben können und schließlich: welche Unterstützung sie brauchen. Dies soll im Folgenden begründet werden.

Viele Kinder fragen sich: Was ist los mit Mama oder Papa? Doch die Antworten bleiben oft aus.

Vielen Kindern fällt es schwer, sich jemandem bezüglich der elterlichen Erkrankung anzuvertrauen. Manchmal aufgrund der Erfahrung, dass niemand bereit war, mit ihnen zu reden, da die psychische Erkrankung in vielen Familien tabuisiert wird. Oft stecken Schamgefühle oder Unkenntnis hinter der Geheimhaltung. Diese Tabuisierung bedeutet für die Kinder, keinen Ansprechpartner zu haben, selbst Antworten auf ihre Fragen suchen zu müssen und mit ihrer Verunsicherung, Angst und Sorge allein zu sein.

Katja Beeck, Gründerin von „Netz und Boden – Initiative für Kinder psychisch kranker Eltern", weist darauf hin, dass sich die betroffenen Kinder oft in einem Loyalitätskonflikt befinden, wenn ihnen verboten wird, über die psychische Erkrankung zu sprechen. Sie haben das Bedürfnis, sich auszusprechen und Hilfe zu holen, aber gleichzeitig Angst vor der Reaktion der Familie, wenn diese von einem solchen „Verrat" erfahren würde.

Ein Grund, warum Erwachsene meinen die elterliche Erkrankung sei kein Thema für Kinder, ist die Befürchtung die Kinder durch ein Gespräch zusätzlich zu belasten. Doch Kinder ahnen und wissen weit mehr, als viele Erwachsene denken, und brauchen deshalb Antworten auf ihre Fragen.

Anderenfalls blieben ihnen nur die Phantasien, welche oft weitaus dramatischer sind als die Wirklichkeit selbst. Nichts ist schlimmer als die Ungewissheit, die sogar dazu führen kann, dass Kinder die Schuld für die Veränderung von Mutter oder Vater bei sich suchen. Dies verdeutlicht Mattejat: „Dinge, über die man nicht sprechen kann, wirken bedrohlich, weil man sie nicht einschätzen kann. Kinder können mit psychischen Problemen von Eltern zurechtkommen, wenn sie die Probleme richtig einschätzen und wenn sie verstehen, wie alles zusammenhängt." Deshalb darf nicht versäumt werden, Aufklärung zu leisten.

Es ist Mona zu Beginn des Buches unklar, warum es ihrer Mutter in manchen Zeiten schlecht geht. Dies gibt dem Leserkind Raum, eigene Vermutungen zu äußern, bis es schließlich mit Mona die tatsächliche Ursache der „Traurigtage" ergründet. Zusätzlich benötigt das Leserkind Aufklärung über die individuelle elterliche Erkrankung durch seine Bezugspersonen.

Mona traut sich anfangs nicht, mit jemandem über ihre häusliche Situation zu sprechen. Sie schämt sich für das Auftreten der Mutter, hat Angst ausgelacht und ausgeschlossen zu werden. Viele Leserkinder werden sich darin wiedererkennen, bis sie an Monas Beispiel lernen, dass es erfolgsversprechend sein kann, sich einer Bezugsperson anzuvertrauen.

Vier Hürden sind nach den Diplom-Pädagogen Reinhold Schone und Sabine Wagenblass zu überwinden, um die psychische Krankheit zu enttabuisieren: „Die erste Hürde besteht darin, dass der erkrankte Elternteil sich zu seiner Erkrankung bekennen und bereit zur Aussage sein muss: ‚Ich bin psychisch krank'. Die zweite Hürde liegt in der Bereitschaft der Eltern, die Kinder über die Erkrankung aufzuklären und ihnen zu sagen: ‚Deine Mutter/dein Vater ist psychisch krank'. Die dritte Hürde, die es zu überwinden gilt, ist das Durchbrechen des Gebotes der Geheimhaltung, es muss den Kindern erlaubt sein, anderen Personen mitzuteilen: ‚Meine Mutter/mein Vater ist psychisch krank' und ggf. diese auch um Hilfe und Unterstützung bitten zu dürfen. Und die vierte Hürde schließlich besteht darin, gegen die gesellschaftlichen Vorurteile anzugehen und öffentlich Stellung zu beziehen, im Sinne ‚Meine Mutter/mein Vater ist psychisch krank, na und!'".

- Sorgen Sie dafür, dass die betroffenen Kinder einen Gesprächspartner haben oder seien Sie dies selbst. Damit die Kinder jemanden haben, an den sie sich mit ihren Fragen wenden können und der sie in ihrem Erleben, ihren Sorgen und Ängsten ernst nimmt.

- Ermöglichen Sie den Kindern direkt mit Fachleuten zu sprechen oder an einer Gruppe für Kinder von psychisch kranken Eltern teilzunehmen. Adressen und Telefonnummern von Familienberatungsstellen oder Sozialpsychiatrischen Diensten finden Sie im Internet, Telefonbuch sowie im Beratungsführer Ihrer Stadt. Eine Aufstellung von Hilfsangeboten speziell für Kinder psychisch Kranker finden Sie im Internet unter www.netz-und-boden.de.

- Nehmen Sie auch für Ihre eigene Person – hier in Ihrer Aufgabe als Vater, Mutter oder Bezugsperson des Kindes – professionelle Hilfe und Unterstützung, z.B. in Familienberatungsstellen, in Anspruch.

Kinder psychisch erkrankter Eltern erleben überdurchschnittlich häufig Trennungen und Beziehungsabbrüche.

Viele Kinder psychisch Kranker machen die Erfahrung, dass sich Mutter und Vater trennen oder bereits getrennt haben. Dies bedeutet eine zusätzliche Belastung. Meist sind es die Väter, die im Alltag betroffener Kinder wenig bis gar nicht integriert sind. Fragen der Kinder nach dem fehlenden Elternteil sind oft unausgesprochen oder unbeantwortet; somit sind die Trennungserfahrungen nicht verarbeitet. Kinder brauchen jedoch Mutter und Vater und sollten deshalb – wenn möglich – Kontakt zu beiden Eltern oder zumindest die Erlaubnis haben, den fehlenden Elternteil als Mutter oder Vater lieben zu dürfen.

Leserkinder, deren Eltern getrennt sind, können sich in Monas Geschichte wiederfinden, da diese mit nur einem Elternteil zusammenwohnt. Die Frage, wer und wo Monas Vater ist, wird erst im zweiten Teil des Buches beantwortet und somit zunächst der Interpretation des einzelnen Kindes überlassen.

Wagenblass weist darauf hin, dass bei bestehender Partnerschaft der Eltern der gesunde Elternteil den Kindern meist Hilfe und Beistand sein kann. Aber oft ist dieser mit der Betreuung des erkrankten Partners, der Erwerbs- und Hausarbeit sowie der Erziehung der Kinder überfordert. Dies bedeutet, dass die Kinder ihre Bedürfnisse zurückstellen müssen und weniger Aufmerksamkeit erfahren als sie gerade in dieser Situation bedürfen.

Unterstützung durch das soziale Umfeld sowie professionelle Hilfe können einen Ausweg aufzeigen. Professionelle Dienste und Bezugspersonen der Kinder können kompensatorisch wirken und den Mangel an Sicherheit und Unterstützung ausgleichen sowie ihre Wahrnehmung stärken, dass die familiären Verhältnisse und nicht sie als Person schwierig sind.

- Kinder brauchen Bezugspersonen im familiären Umfeld und im psychosozialen Netzwerk, auf die Verlass ist und die ihnen Sicherheit vermitteln.

Auch die vorübergehende oder dauerhafte Trennung vom erkrankten Elternteil kennen viele betroffene Kinder. Wie es sein kann, wenn Vater oder Mutter stationäre psychiatrische Behandlung benötigt, dazu bietet die Erzählung im zweiten Teil des Buches Erklärungen. Außerdem beschreibt Mona eine psychiatrische Einrichtung und bezieht Stellung zu Vorurteilen und Diskriminierungen: „Manche Erwachsene und Kinder, die keine Ahnung haben, geben der Psychiatrie gemeine Namen. Wie zum Beispiel: ‚Irrenhaus', ‚Beklopptenanstalt' oder ‚Klapse'. Ich aber weiß, was eine Psychiatrie in Wirklichkeit ist: ein Krankenhaus für Menschen, die eine psychische Krankheit haben."

Kinder brauchen die Gewissheit, dass für den erkrankten Elternteil gesorgt ist, wenn sich dieser in stationärer psychiatrischer Behandlung befindet. Dadurch kann es den Kindern gelingen, sich nicht für ihn verantwortlich zu fühlen. Und es gibt ihnen Raum und Kraft, sich um ihr eigenes Wohlergehen kümmern zu können.

Wenn Kinder nicht beim erkrankten Elternteil aufwachsen, vielleicht wenig oder keinen Kontakt zu ihm haben, bleibt für viele trotzdem die Frage nach dessen Befinden und der Wunsch, dass es diesem Elternteil gut gehen möge.

- Kinder wollen in ihrem Erleben und ihren Sorgen ernst genommen werden und brauchen Bestätigung: „Ja, für Mama oder Papa ist gesorgt, du brauchst dich nicht zu sorgen."
  Falls nicht für das Wohlergehen des Erkrankten gesorgt ist, muss den Kindern erklärt werden, dass dies in der Verantwortung der Erwachsenen liegt, die Kinder also nicht zuständig sind.

Organisatorische Schwierigkeiten belasten den Alltag von Kindern psychisch Kranker zusätzlich.

Im Bilderbuchteil hat Mona beispielsweise keinen Zugang zur Wohnung, als ihre Mutter zu kraftlos ist um für das Mädchen zu sorgen. Auch um Essen, Ordnung im Haushalt, Schulbesuch und das Zubettgehen muss sich Mona alleine kümmern. Im zweiten Teil des Buches wird daher aufgezeigt, wie die Mutter und Mona mit Vertrauenspersonen ihres Umfeldes praktische Absprachen treffen. Diese helfen, den Alltag des Mädchens zu strukturieren, wenn sich die Mutter in einer akuten Krise befindet. Dies bedeutet für Mona Sicherheit, Schutz und Geborgenheit. Sie ist nicht mehr auf sich allein gestellt und weiß, wo sie für sich Hilfe finden kann.

Mona zeigt dem Leserkind, dass solche Absprachen in Form so genannter „Notfallpläne" getroffen werden können, wobei Kinder ein altersgemäßes Mitspracherecht haben sollten. Ein Notfallplan muss die wichtigsten Informationen und Telefonnummern enthalten, die ein Kind braucht, um in einer Krisensituation zu wissen, an wen es sich wenden kann. Diesen Plan sollten Kinder bei sich tragen und er sollte an einem sicheren Ort verwahrt werden. Zusätzlich sollte ein „ausführlicher Notfallplan" entworfen werden, der allen erwachsenen Bezugspersonen ausgehändigt wird, welche die Familie unterstützen. Ein ausführlicher Notfallplan beschreibt, wer in Krisen benachrichtigt werden muss, welche Klinik für den kranken Elternteil zuständig ist und wie die dortigen Ansprechpartner heißen. Er informiert über all das, was notwendig ist, damit das Kind und gegebenenfalls der Haushalt versorgt ist – wie beispielsweise die Einnahme von Medikamenten, Einschlafrituale, schulische Belange oder die Versorgung von Haustieren. Eine solche Vorsorge ist vor allem dann anzuraten, wenn das Kind beim erkrankten Elternteil lebt.

Gerade in Krisen brauchen Kinder Bezugspersonen, die das Defizit an Zuwendung auffangen, für sie mit ihren Sorgen und Ängsten da sind und ihnen somit Ressourcen bieten. Wenn in „guten Zeiten" für „schlechte Zeiten" Vorsorge getroffen wurde, kann der erkrankte Elternteil trotz seiner Abwesenheit Verantwortung für sein Kind übernehmen. In „guten Zeiten" sollte ebenfalls überlegt werden, ob der behandelnde Arzt von seiner Schweigepflicht gegenüber dem Kind entbunden werden sollte.

- Erstellen Sie zusammen mit dem Kind und allen Beteiligten einen Notfallplan. Sorgen Sie dafür, dass das Kind bei einem Klinikaufenthalt von Mutter oder Vater gut aufgehoben ist und, falls es Geschwister hat, mit diesen möglichst zusammenbleibt.

- Vorlagen für einen ausgearbeiteten Notfallplan sind in verschiedenen Broschüren im Internet unter www.netz-und-boden.de zu finden.

Viele Kinder sind auf die Eltern und deren Erkrankung wütend.

Oft beansprucht das erkrankte Familienmitglied viel Raum und Aufmerksamkeit. Viele Kinder psychisch kranker Eltern werden deshalb mit ihren Bedürfnissen nicht wahrgenommen. Zudem kann das krankheitsbedingte Verhalten des Elternteils beängstigend sein. Außerdem ist der Wunsch nach einer „normalen" Familie und „Sonnigtagen" sehr zentral. Dies können Gründe sein, weshalb Kinder auf den betroffenen Elternteil und dessen Erkrankung wütend sind. Doch das Gefühl der Wut zuzulassen fällt vielen Kindern schwer, denn auf der anderen Seite lieben sie den betroffenen Elternteil und haben Verständnis für dessen Situation und Krankheit. Sie schämen sich für ihre Wut.

Dies verdeutlicht der Diplom-Psychologe und -Pädagoge Andreas Schrappe von der Evangelischen Beratungsstelle Würzburg: „Wenn die Kinder zu kurz kommen oder von dem betroffenen Elternteil krankheitsbedingt in negativer Weise behandelt werden, bildet sich in ihnen eine Wut, die sie aber nur mit Schuldgefühlen erleben, da sie zugleich auch Mitleid haben."

Beispielhaft dafür steht Monas Erschrecken, als sie ihre Wut auf ihre Mutter erkennt: „‚Darf ich denn auf Mama wütend sein?', fragt sich Mona. ‚Mama geht es doch so schlecht! – Oh, ich glaube, ich bin eine böse Tochter.'"

Kinder, die diesen Wutgefühlen Ausdruck verleihen in Worten wie „Mein Vater soll bloß abhauen!" oder „Ich kann Mamas Spinnerei nicht mehr ertragen!" – tun in psychohygienischer Hinsicht etwas Sinnvolles. Sie erfahren jedoch leider häufig Unverständnis und Zurückweisung: „Das darfst du doch nicht sagen! Er/sie ist doch krank! So redet man nicht von seinen Eltern!".

Großes Verständnis seitens der Erwachsenen ist nötig, um mit der Wut des Kindes auf den erkrankten Elternteil oder die Krankheit umgehen zu können. Denn gerade für Kinder psychisch Kranker ist es wichtig, dass sie lernen sich auf ihre Gefühle zu verlassen. Dazu brauchen sie Verständnis seitens ihrer Bezugspersonen, die sie in ihrem Erleben bestätigen. Auf diese Weise lernen die Kinder sich selbst zu vertrauen und erlangen Selbstbewusstsein. „Die Bestärkung der eigenen Emotionalität ist gerade bei Kindern psychisch Kranker, deren größte Probleme ja häufig in der Emotionsverarbeitung liegen, ein zentraler Baustein der Prävention." (Schrappe)

■ Kinder brauchen die Freiheit ihren Gefühlen Raum zu geben. Sie brauchen jemanden, der sie in ihrer Situation versteht, sich in sie hineinfühlt und sie mit ihrem Erleben akzeptiert. Dadurch kann die ganze Bandbreite der Gefühle von Liebe, Mitleid, Angst bis hin zu Ärger akzeptiert werden.

Viele Kinder fragen sich, ob auch sie eine psychische Erkrankung entwickeln können.

Fast alle Kinder und Eltern beschäftigen sich mit dieser Frage und tragen diese Ängste in sich, weshalb Fachleute es nicht unterlassen dürfen diese anzusprechen.

Schrappe erklärt dazu: „Es gibt eine genetische Komponente dieser Erkrankungen, jedoch wird beispielsweise nie ‚die Depression' oder ‚die Schizophrenie' vererbt, sondern allenfalls eine Vulnerabilität, also eine gewisse ‚Dünnhäutigkeit' im Hinblick auf psychische Belastungen.

Kinder mit einem psychisch kranken Elternteil haben – im Vergleich mit der Durchschnittsbevölkerung – ein erhöhtes Risiko, eine gleichartige Erkrankung auszubilden."

Doch dies sagt wenig über das individuelle Risiko der Kinder aus, eine psychische Erkrankung zu entwickeln. Denn neben der genetischen Veranlagung nehmen soziale Faktoren, wie z.B. die erfahrene Unterstützung durch die soziale Umwelt oder das subjektive Erleben der Kinder, einen bedeutenden Einfluss auf ihre Entwicklung.

Somit ist festzuhalten, dass zwar eine Anfälligkeit der Kinder besteht eine psychische Krankheit zu entwickeln – doch können Ressourcen, welche die Kinder aus ihrer eigenen Person, ihrem Umfeld und aus sozialen Beziehungen erhalten, die Widerstandsfähigkeit erhöhen.
Mona zeigt dem Leserkind eine Basis der Prävention bzw. Gesundheitsvorsorge auf: Kinder sollen und dürfen auf ihre eigene Person, ihre kindlichen Bedürfnisse und ihr Wohlergehen achten sowie sich vor krankheitsbedingtem Verhalten schützen. Dazu gehören – neben Spielen, Freunde treffen, Hobbys und Spaß haben, Gefühle zeigen – auch kindgerechte Aufgaben, wie beispielsweise für die Schule zu lernen und altersgemäß im Haushalt mitzuhelfen.

So haben nach Mattejat Kinder von psychisch kranken Eltern „dann gute Entwicklungschancen, wenn Eltern, Angehörige und Fachleute lernen in sinnvoller und angemessener Weise mit der Erkrankung umzugehen und wenn sich die Patienten und ihre Kinder auf tragfähige Beziehungen stützen können".

- Kinder psychisch erkrankter Eltern haben wie alle Kinder ein Recht auf Schutz, Geborgenheit, Fürsorge, Versorgung, Freundschaften, Hobbys und Freude.

Viele Kinder von psychisch kranken Eltern finden keinen Anschluss an Gleichaltrige.

So zeigt Beeck auf, dass die Kinder oft durch die soziale Isolation der Familie vereinsamen, welche durch die Abschottung nach außen, aber auch durch die Ausgrenzung der Familie bestimmt ist.

Es fällt Kindern psychisch erkrankter Eltern häufig schwer, soziale Kontakte zu Gleichaltrigen zu knüpfen. Oft geraten sie in Gruppen in eine Außenseiterposition. Außerdem ist die elterliche Erkrankung Anlass für Abwertungen und Diskriminierungen durch andere.

Somit ist es nicht verwunderlich, dass betroffene Kinder selten den Mut aufbringen über persönliche Fragen, Gefühle und Ängste zu sprechen. Ihre Erfahrungen haben gezeigt, dass Schweigen manchmal besser zu sein scheint.

Auch Mona erlebt Situationen der Ausgrenzung: „In der Pause steht Mona an der Tischtennisplatte und guckt zu. Mona darf nicht mitspielen. ‚Weil sie verrückt ist, genau wie ihre Mutter! Nachher stecken wir uns noch an!', haben die großen Jungs gesagt und die Mädchen haben gekichert. Auch Anke, das hat Mona ganz genau gesehen. Da ist Mona schnell weggegangen. Damit die anderen Kinder nicht sehen, wie traurig sie ist."

Mona hat außerdem, wie viele Kinder in ähnlichen Situationen, Hemmungen ihre Mitschülerin Anke zu sich nach Hause einzuladen. Sie schämt sich für das krankheitsbedingte Verhalten ihrer Mutter und fürchtet, dass sich Anke unwohl bei ihr fühlen könnte.

- Diese problematischen Situationen der Kinder sollten nicht heruntergespielt, sondern anerkannt und mit ihnen besprochen werden. Viele Kinder fühlen sich dadurch verstanden und die Last wird meist leichter, weil sie ihre Sorgen mit jemandem teilen können.

- Unterstützen Sie das Kind darin, mit anderen Kindern Freundschaften zu knüpfen und sich mit diesen zu treffen. Zeigen Sie ihm, dass es auch dann fröhlich und Kind sein darf, wenn es Mutter oder Vater schlecht geht.

- Ermöglichen Sie es dem Kind, sich mit anderen betroffenen Kindern auszutauschen und gegenseitige Stärkung zu erfahren. Dies ist beispielsweise in verschiedenen Hilfsprojekten möglich, welche Sie unter der oben genannten Internetadresse ausfindig machen können.

Oft sind Kinder der Meinung, dass ihr Verhalten Einfluss auf die elterliche Erkrankung habe, und übernehmen Verantwortung für Geschwister und Eltern.

Mona organisiert den Haushalt, kauft „Zaubernudeln, die glücklich machen", wendet einen „Hüpftrick" an, passt auf ihre Mutter auf und bemüht sich immer brav zu sein. Diese Beispiele sollen zeigen, wie manche Kinder versuchen – gemäß einem kindlichen, magischen Denkschema –, die psychische Erkrankung zu beeinflussen, und somit Verantwortung für den erkrankten Elternteil übernehmen.

Dass Mona schließlich sogar ihr Kuscheltier Max vergräbt, in der Hoffnung, dies würde die Stimmung ihrer Mutter wieder ausgeglichener machen, soll zeigen, wie sehr der Wunsch zu helfen in vielen Kindern verankert ist.

Doch all die Bemühungen verbessern den Zustand von Monas Mutter nicht, nur Mona selbst verlernt fröhlich zu sein und auf ihre eigenen Bedürfnisse zu achten. Mit dem Vergraben von Max gibt Mona letztlich einen Teil ihrer Kindheit auf. Zudem wird deutlich, dass die Mutter sich nicht mehr um Mona und den Haushalt kümmern kann. Die Eltern-Kind-Rollen wurden getauscht.

Dies verdeutlichen Schone und Wagenblass: „Die Sorge um die Eltern bestimmt den Alltag dieser Kinder, während ihre eigenen Bedürfnisse dabei häufig in den Hintergrund treten. Sie verzichten auf alterstypische, kindgerechte Beschäftigungen und sind in ihrem Verhalten und ihren Äußerungen bereits kleine Erwachsene und wirken dabei ungewöhnlich vernünftig und ernst."

Wie Mona sind viele Kinder von psychisch kranken Eltern der Meinung, dass sie mit ihrem Verhalten positiv auf die elterliche Erkrankung Einfluss nehmen können. Sie befürchten außerdem, dass sich beispielsweise ungezogenes Benehmen oder schlechte Schulleistungen negativ auf das Krankheitsbild der Eltern auswirken könnten. „Mangels Wissen über die Existenz und Erscheinungsformen psychischer Erkrankungen, einem sichtbaren Auslöser der Erkrankung sowie der Tabuisierung von psychischer Krankheit innerhalb und außerhalb der Familie können insbesondere jüngere Kinder das elterliche Verhalten überhaupt nicht als krankhaft einstufen. Stattdessen werten sie es als Erziehungsverhalten und suchen die Schuld bei sich." (Beek)

- Wichtig ist deshalb, Kindern zu erklären, dass diese keine Verantwortung für Mutter oder Vater zu übernehmen brauchen und dass die Ausprägung der elterlichen Erkrankung unabhängig von ihrem Verhalten ist.

LehrerInnen und ErzieherInnen als Ansprechpartner für Kinder von psychisch kranken Eltern.

Mona wendet sich mit ihren Sorgen an ihre Lehrerin und bekommt Hilfestellung von dieser. Dies ist eine Wunschperspektive: LehrerInnen und ErzieherInnen als zentrale Bezugspersonen im Leben der Kinder können viel zur Aufklärung über psychische Krankheiten und zur Verbesserung der kindlichen Situation im Rahmen ihrer Arbeit beitragen.
Psychische Krankheiten sind auch in unserer so aufgeklärt erscheinenden Gesellschaft noch immer ein Tabuthema, das es aufzuheben gilt.

- Bieten Sie sich als pädagogische Fachkraft einem betroffenen Kind als Ansprechpartner an und vermitteln Sie weitere professionelle Hilfsangebote. Ausführliche Hilfestellungen finden Sie in den Broschüren: „Kinder psychisch kranker Eltern – Ein Thema für die Schule!" und „‚Mama sagt, die Zahnpasta ist vergiftet' Wie Erzieher/innen Kinder psychisch kranker Eltern unterstützen können" von Katja Beeck, unter www.netz-und-boden.de.

Kinder haben ein Recht darauf, es sich trotz der elterlichen Erkrankung gut gehen zu lassen.

Dies ist die Kernaussage von „Sonnige Traurigtage". Kinder von psychisch kranken Eltern haben trotz der elterlichen Erkrankung ein Recht auf persönliche Entfaltung. Sie dürfen ihre Gefühle bejahen und ihre kindgemäßen Bedürfnisse anmelden. Sie sind Kinder und sollen dieses trotz aller schwierigen Umstände sein können und dürfen. Dazu brauchen sie in ihrer besonderen Situation die Unterstützung der Eltern und das Engagement des sozialen Umfeldes.

Im Buch genannte Literatur:

- Beeck, K. (2004). Kinder psychisch kranker Eltern – Ein Thema für die Schule! Die Broschüre ist unter www.netz-und-boden erhältlich.
- Klein, M. (2004). Risiko Kindheit: Meine Eltern sind anders. Kinder aus suchtbelasteten Familien – immer noch die vergessenen Kinder? www.addiction.de/documents/KleinM2004Vortrag1.pdf (27.11.05)
- Mattejat, F.& Lisofsky, B. (Hg.) (2005). Nicht von schlechten Eltern. Bonn: Psychiatrie
- Remschmidt, H. & Mattejat, F. (1994). Kinder psychotischer Eltern mit einer Anleitung zur Beratung von Eltern mit einer psychotischen Erkrankung. Göttingen: Hogrefe
- Schrappe, A. (2005). Was wird aus den Kindern – Beratung als Hilfe für Kinder psychisch kranker Eltern: Fragen an Andreas Schrappe von der Evangelischen Beratungsstelle in Würzburg. Informationen für Erziehungsberatungsstellen 2/05, 28-30
- Wagenblass, S. (2003). Wenn Eltern in ver-rückten Welten leben ... die Entdeckung der Kinder psychisch kranker Eltern als betroffene Angehörige. Soziale Psychiatrie 3/03, 8-11
- Wagenblass, S. & Schone, R. (2002). Wenn Eltern psychisch krank sind ... Kindliche Lebenswelten und institutionelle Handlungsmuster. Münster: Votum

Zur Autorin und zur Entstehung des Buches

Schirin Homeier, geb. 1982, ist Dipl.-Sozialpädagogin (FH). Im Mabuse-Verlag erschienen neben „Sonnige Traurigtage" ihre drei weiteren Kinderfachbücher „Flaschenpost nach irgendwo" (für Kinder suchterkrankter Eltern), „Aktion Springseil" (für Kinder, deren Eltern sich getrennt haben) und „Herzwurzeln" (für Pflege- und Adoptivkinder). Sie illustrierte „Träumst du, Leon?" (für Kinder mit Epilepsie). Schirin Homeier gelingt es, schwierige Sachverhalte in kindgerechte Worte und eindrucksvolle Zeichnungen zu fassen. So vereint sie wirkungsvoll Bilderbuch und Ratgeber. Sie wohnt mit ihrem Mann, fünf gemeinsamen Kindern, einem frechen Kater und sieben wirklich gut aussehenden Hühnern in einem klitzekleinen Dorf in Unterfranken.

Zusammen mit Andreas Schrappe, Dipl.-Psychologe und -Pädagoge, arbeitete sie projektbezogen mit Kindern mit einem psychisch erkrankten Elternteil im Evangelischen Beratungszentrum Würzburg. Seit Ende der 1990er Jahre setzt sich diese Einrichtung durch Einzel- und Gruppenangebote, Vorträge, Arbeitskreise sowie Fortbildungen für diese Familien ein. Mehr Infos dazu finden Sie unter www.diakonie-wuerzburg.de.

Die Arbeit mit den betroffenen Familien und der damalige Mangel an geeigneter Literatur für diese Kinder im Grundschulalter veranlasste Schirin Homeier, „Sonnige Traurigtage" zu schreiben und zu illustrieren.

Danksagung

Ganz besonders möchte ich mich bei Andreas Schrappe bedanken, der mich für die Arbeit mit Kindern psychisch erkrankter Eltern in der Evangelischen Beratungsstelle Würzburg begeistert hat. Er hat fortwährend an „Sonnige Traurigtage“ mitgewirkt – sei es bei der Überarbeitung der Texte, durch seine unzähligen kreativen Ideen oder bei der Vermittlung verschiedenster Kontakte. Ohne ihn wäre dieses Buch nicht zu dem geworden, was es ist.

Prof. Fritz Mattejat möchte ich für sein wunderbares Vorwort, seine Bestätigung und seine Ermutigungen herzlich danken. Ich fühle mich sehr geehrt.

Gabriele Meyer-Enders danke ich sehr für ihr wertschätzendes und einfühlsames Vorwort zur achten Auflage, mit dem sie bestätigt, dass „Sonnige Traurigtage“ sich bis heute in der Praxis bewährt und die Arbeit mit den Kindern bereichert.

Hermann Löffler, seiner Frau Linde und dem wunderbaren Team des Mabuse-Verlags habe ich es zu verdanken, dass aus einer kleinen, aber feinen Geschichte für Kinder psychisch erkrankter Eltern das Buch „Sonnige Traurigtage“ wurde.

Ich bedanke mich bei der INLINE Werbeagentur, Würzburg – vor allem bei Anna Zgraja.

Folgende Personen haben mich beim Verfassen dieses Buches mit ihren vielen konstruktiven Anregungen begleitet und unterstützt: Marieke Heinen (Sozialpädagogin), Katja Beeck (Gründerin der Initiative Netz und Boden für Kinder psychisch erkrankter Eltern), die erwachsenen Kinder psychisch erkrankter Eltern vom dritten bundesweiten Treffen der Initiative Netz und Boden, Dominique Bialowons (ehem. Leiterin der Kinder-, Jugend- und Familienberatungsstelle AURYN Leipzig), Suanna Staets (Initiatorin des KIPKEL-Präventionsangebotes für Kinder psychisch kranker Eltern), Katharina Heinen (Kinder- und Jugendlichenpsychotherapeutin, Kassel), Dieter Becker-Heinen (Kinder- und Jugendpschiater, Kassel), Barbara Siegmann-Schroth (Evangelische Beratungszentrum Würzburg), Holger Haase, Daniela Kuczewsky, meine Eltern und – allen voran – mein geliebter Mann.

Schirin Homeier, im März 2020

Weiterführende Literatur

Für Kinder aus psychisch belasteten Familien:

- Backhaus, A. & Linke, R. (2018). Molly und das große Nichts. BALANCE Buch + Medien Verlag, ISBN 978-3-86739-126-9.
- Eggermann, V. & Janggen, L. (2004). Fufu und der grüne Mantel. AstraZeneca, ASIN: B002VXI7YU. Download unter: https://docplayer.org/23956799-Ein-bilderbuch-fuer-kinder-mit-einem-psychisch-kranken-elternteil-geschichte-und-bilder-von-vera-eggermann-nach-der-idee-von-lina-janggen-vask.html.
- Jungbauer, J. & Heitmann, K. (Hrsg.)(2018). Unsichtbare Narben: Erwachsene Kinder psychisch erkrankter Eltern berichten. BALANCE Buch + Medien Verlag, ISBN 978-3-86739-170-2.
- Köhler-Saretzki, T. & Roszak, A. (2019). Wünsche von Kindern psychisch kranker Eltern. KIKT-Verlag, ISBN 978-3-947344-08-6.
- Kühnel, S. & Koller, L. (3. Aufl. 2020). Bei mir zuhause ist was anders. Mabuse-Verlag, ISBN 978-3-86321-168-4.
- SKIPSY-Singen (2015). Die Alleskönner: Sind wir das? Michael Greuter Verlag, ISBN 978-3-938566-22-0.
- Tilly, C. & Offermann, A. (2. Aufl. 2013). Mama, Mia und das Schleuderprogramm. BALANCE Buch + Medien Verlag, ISBN 978-3-86739-075-0.
- Wunderer, S. (3. Aufl. 2018). Warum ist Mama traurig? Mabuse-Verlag, ISBN 978-3-940529-61-9.

Fachbücher:

- Kupferschmid, S. & Koch, I. (2014). Psychisch belastete Eltern und ihre Kinder stärken: Ein Therapiemanual. Kohlhammer Verlag, ISBN 978-31-7023-6394.
- Lenz, A. (2012). Psychisch kranke Eltern und ihre Kinder. Psychiatrie-Verlag, ISBN 978-3-88414-541-8.